Autosuperación

Pasos y Estrategias Comprobadas para Mejorar Tu Autoestima y Lograr un Autocontrol Constante

Felipe Ortiz

© Copyright 2019 por Felipe Ortiz

Todos los derechos reservados.

El siguiente libro electrónico se reproduce a continuación con el objetivo de brindar la información más precisa y veraz posible. En cualquier caso, la adquisición de este libro puede verse como el consentimiento al hecho de que tanto el editor como el autor del mismo no son, de ninguna manera, expertos en los temas discutidos, y que cualquier recomendación o sugerencia que se haga aquí es solo con fines de entretenimiento. Se debe consultar a los profesionales en materia antes de llevar a cabo cualquiera de las acciones sugeridas en este texto.

Esta declaración se considera justa y válida tanto por el Colegio de Abogados de Estados Unidos (American Bar Association), como por la Asociación del Comité de Editores (Commitee of Publishers Association) y es legalmente vinculante en todo Estados Unidos.

Además, la transmisión, duplicación, o reproducción de cualquiera de los siguientes trabajos, incluyendo la información específica encontrada en los mismos, será considerado un acto ilegal, independientemente de si el acto se comete de forma electrónica o impresa. Esto se extiende a la creación de una copia secundaria o terciaria del texto, al igual que alguna copia grabada, y solo se permite con el consentimiento expreso y por escrito del Editor. Todos los derechos adicionales reservados.

La información contenida en las páginas siguientes es considerada ampliamente como una descripción precisa y veraz de los hechos y, por lo tanto, cualquier descuido, uso correcto o incorrecto de la información en cuestión por parte del lector será su responsabilidad, y cualquier acción resultante estará bajo su jurisdicción. Bajo ninguna circunstancia el editor o el autor original de este trabajo podrán ser responsables de cualquier adversidad o daño que pueda recaer sobre el lector luego de seguir la información aquí descrita.

Además, la información contenida en las páginas siguientes solo tiene fines informativos, y por lo tanto, debe considerarse de carácter universal. Como corresponde a su naturaleza, el material se presenta sin garantía con respecto a su validez o calidad provisional. Las marcas registradas encontradas en este texto son mencionadas sin consentimiento escrito y, bajo ningún motivo, puede considerarse como algún tipo de promoción por parte del titular de la marca.

Tabla De Contenidos

Cree en Tus Habilidades 5
    Autosuperación y Éxito: dos elementos que van de la mano 7
La Importancia de Trabajar en Uno Mismo 12
    Un Nuevo Yo en el Negocio 15
    Posibilidades Alternativas 18
Construyendo Tu Autoestima 20
    Dardo #1: Entorno Laboral Negativo 20
    Dardo #2: Comportamiento de los Demás 21
    Dardo #3: Cambiar el Entorno 21
    Dardo #4: Experiencia Previa 22
    Dardo #5: Visión Negativa del Mundo 22
    Dardo #6: Teoría de la Determinación 22
    Fijar Metas para el Éxito 24
    Sigue Adelante 26
Motivación: La Clave de la Autosuperación 29
    Motiva a Tu Equipo 33
    Sonreír para el Éxito 34
Desbloqueando tu Poder para la Autosuperación 36
    Los beneficios de ser positivo 39
    Sin un Yo Negativo 40
    El Éxito Comienza Temprano 41
    Haciendo Tiempo para el Éxito 44
Curso Intensivo: Programa de 7 días para la Autosuperación 47
    Día 6: Honra tus fortalezas 49
    Ejercicios para reforzar el pensamiento positivo 50
    Visualizaciones y afirmaciones para mejorar tus habilidades de pensamiento positivo 59
    Cómo establecer metas de pensamiento positivo 64
    Cómo encontrar un mentor puede ayudarnos con metas de pensamiento positivo 69

Cree en Tus Habilidades

Desarrollar la confianza en sí mismo es fundamental para poder alcanzar tus objetivos.

La confianza en sí mismo es un poco diferente a la autoestima. La autoestima trata de tu apreciación sobre ti mismo, tus comportamientos y tu valor como persona. La confianza en sí mismo es la capacidad que tienes para creer en tus habilidades y en la forma en que te presentas ante el mundo.

Es más probable que las acciones de los demás menoscaben tu confianza en ti mismo, que tu autoestima. Sin embargo, ambas emociones tienen mucho en común. Las dos sirven para medir tu confianza inherente o desarrollada en ti mismo, y ambas pueden perder el equilibrio con facilidad, causando un comportamiento demasiado confiado, o uno pesimista que te aleja de tus metas.

Todos necesitamos conseguir un equilibrio entre muy poca confianza en uno mismo y demasiada. No se puede lograr nada sin confiar en ti mismo; pero demasiada confianza puede hacer que no te esfuerces lo suficiente como para alcanzar tus metas, y no podrás descubrir tus posibilidades.

Una vez que realmente comprendas que puedes hacer lo que te propongas, habrás descubierto el secreto para un pensamiento positivo. No existen límites para lo que la mente humana puede lograr. Tus posibilidades son realmente infinitas.

Para comenzar a trabajar en la confianza en uno mismo, puedes seguir un simple ejercicio diario que desarrollas después de aprender la premisa básica. Como en la mayoría de las actividades para la autosuperación, al principio puede que sientas que haces el ridículo. A continuación te presentamos los pasos básicos para una rutina diaria de autoconfianza, los cuales se realizan mejor por la mañana mientras te preparas para enfrentar el día:

- **Eliminar las distracciones.** Necesitas que este tiempo sea sólo para ti. Tú *mereces* este tiempo personal. Mientras realices tu rutina de autoconfianza, no contestes el teléfono, ni revises tu correo, no mires televisión o escuches la radio. Notifica a tus familiares que este tiempo es sólo tuyo, y que te gustaría no ser molestado.

- **Trabaja en tu lado físico.** Consiéntete en tus preparaciones físicas del día. Cuando tomes una ducha, usa tu jabón o gel aromático favorito. Elige ropa que te haga sentir bien y se ajuste a tu estado de ánimo. Busca estar cómodo con la forma en que te ves, y así tu autoconfianza subirá hasta ese nivel.

- **Mira hacia adelante.** Mientras te preparas, piensa

en lo que quieres lograr durante el día. Asegúrate de reflexionar sobre el estado de ánimo que deseas tener, además de las metas y objetivos que alcanzarás. Incluso podrías tener una rápida sesión de visualización receptiva para verte a ti mismo alcanzando esas metas y lográndolas en tu mente.

- **Actívate.** Ahora viene la parte ridícula. Mírate al espejo, directamente a los ojos y elogia tus buenos aspectos. Dilo en voz alta. Dite a ti mismo que eres la persona que quieres ser, que posees cualidades que valen la pena, que puedes hacer todo lo que te propongas. Sé lo más específico posible. En vez de decir "soy alguien competente", di: "Yo puedo manejar todos los problemas que surjan". Cuanto más específico seas, más efectiva será tu rutina de autoconfianza.

La confianza en uno mismo es aquello que mantiene firme a tu personalidad. Si realmente deseas cambiar tu vida, desarrollar una autoestima saludable te permitirá hacerlo rápidamente y sin esfuerzo. No dejes que el miedo, la preocupación y la duda te impidan trabajar en tu confianza. Eres capaz de lograr cualquier cosa, siempre y cuando creas que puedes hacerlo. Realmente es así de simple.

Autosuperación y Éxito: dos elementos que van de la mano

Pregúntale a cualquier propietario de un negocio y descubrirás que las recompensas son uno de los elementos motivadores más poderosos. Las personas están más dispuestas a trabajar por sus metas y objetivos cuando saben que obtendrán algo al final. Como probablemente tu jefe no te dará nada por perder peso o remodelar tu baño, puedes planear tu propia recompensa cuando cumplas con un objetivo específico.

Al seleccionar esas recompensas, asegúrate de que estén relacionadas con tus metas. Esto no solo asegurará que no te canses o desanimes por al ver la misma recompensa, sino que también te ayudará a planificar las estrategias que te servirán para alcanzar tus objetivos. Por ejemplo, si deseas pasar menos tiempo mirando televisión y más tiempo afuera o junto a tu familia, puedes recompensarte a ti mismo con una salida al cine para ver una película nueva. Si tu objetivo es dejar de fumar, parte de tu estrategia podría ser ahorrar una parte del dinero que ya no usarás en cigarrillos para comprar ropa nueva, o algo en lo que hayas pensado durante un tiempo, pero que no habías podido comprar.

Algunos objetivos pueden tener recompensas intrínsecas, que son tuyas tan pronto alcanzas el objetivo determinado. Por ejemplo, si vas a comenzar tu propio negocio, ya sabes que serás recompensado al trabajar para ti mismo, posiblemente incluso trabajando fuera de tu hogar.

Ya sea que estés trabajando por una recompensa intrínseca o por un incentivo, hacerse un regalo a sí mismo es una excelente manera de generar entusiasmo por la tarea en cuestión. Todo lo que nos sucede tiene un propósito. Y a menudo, una cosa lleva a la otra.

En vez de encerrarte en una jaula junto a tus miedos y llorar por angustias, vergüenzas y fracasos del pasado, míralos como vivencias que te han enseñado, tus maestros, y así se convertirán en herramientas que puedes usar para la autosuperación y el éxito.
¿Recuerdas haber visto Patch Adams? Se trata de una gran

película que te ayudará a trabajar en ti mismo. Hunter "Patch" Adams es un estudiante de medicina que no logró aprobar los exámenes para ser médico.

Después de estar meses ahogado en melancolía, depresión e intentar suicidarse, decide buscar atención médica y entra voluntariamente a una clínica psiquiátrica. Durante su estadía, conoce a diferentes tipos de personas.

Personas con enfermedades serias. Conoce a un catatónico, un retrasado mental, un esquizofrénico, y así sucesivamente. Patch encontró maneras para tratar su propia enfermedad, y finalmente se dio cuenta de que tenía que retomar su camino. Una mañana se despierta y se da cuenta de que, después de todos los fracasos y dolores por que ha vivido, todavía desea ser médico.

Empieza a vivir su vida con una actitud positiva que le consigue la autosuperación y el éxito. No solo fue capaz de mejorarse a sí mismo, sino que también mejoró la vida de las personas que lo rodeaban y su calidad de vida. ¿Tuvo éxito? No hace falta decir que se convirtió en el mejor médico que su país haya visto.

Entonces, ¿cuándo la autosuperación se convierte en sinónimo de éxito? ¿Dónde empezamos? Sigue estos consejos:

- **Deja de pensar y sentir que eres un fracasado, <u>porque no lo eres</u>**. ¿Cómo pueden aceptarte los demás si TÚ no puedes aceptarte a TI MISMO?

- **Cuando vez modelos y galanes en la TV, piensa más en la autosuperación, no en la autocompasión.** Aceptarse a uno mismo no se trata de tener piernas o abdominales tonificados. Enfócate en la belleza interior.

- **Cuando la gente se siente deprimida o mal consigo mismas, ayúdalas a sentirse mejor.** No dejes que te desanimen. Te traerán hacia abajo y ambos terminarán por sentirse inferiores.

- **El mundo es un amplio espacio para lecciones, no errores**. No te sientas estúpido o que tu destino está arruinado por siempre sólo porque reprobaste un examen de ciencias. Siempre hay una próxima vez. Haz espacio para la autosuperación.

- **Encárgate de una cosa a la vez**. Nadie espera que la oveja negra se vuelva una joya con tan solo el chasquido de los dedos. La autosuperación es un proceso de un día a la vez.

- **La autosuperación brinda estabilidad interna, crecimiento personal y ÉXITO**. Todo esto viene de la confianza en uno mismo, la autovaloración y la autoestima.

- **Fija metas importantes y alcanzables**. La autosuperación no significa que te convertirás en una réplica exacta de Cameron Diaz o Ralph Fiennes. Espera y busca que el resultado sea un YO nuevo y mejorado.

- **Las cosas pequeñas son GRANDES para los demás**. A veces, no notamos que las cosas pequeñas como una palmada en la espalda, decir "hola" o "¿cómo estás?", saludar a alguien con un "buenos días", o decirle al Sr. Smith algo como "¡Hey, me gusta esa corbata!" son cosas sencillas que tienen mucha importancia para los demás. Cuando apreciamos las cosas hermosas a nuestro alrededor o a las otras personas, también nos volvemos hermosos para el resto.

- **Cuando estás dispuesto a cambiar y pasar por el proceso de la autosuperación, no significa que los demás lo estén**. El mundo es un lugar donde gente con diferentes valores y actitudes conviven. A veces, incluso cuando crees que tú y tu mejor amiga disfrutan hacer las mismas cosas juntos, es muy probable que ella no acepte tu invitación para la autosuperación.

Siempre debemos recordar que el "éxito de la noche a la mañana" no existe. Siempre se siente bien aferrarse a las cosas que ya tienes, pensando en que son solo algunas de las cosas que una vez quisiste.

Un viejo proverbio dice que "cuando el alumno está preparado, aparece el maestro". Todos estamos aquí para aprender nuestras lecciones. Nuestros padres, maestros, amigos, colegas, compañeros de trabajo, vecinos... todos son nuestros maestros. Cuando abrimos nuestras puertas para la autosuperación, aumentamos nuestras posibilidades encontrar el camino hacia el éxito.

La Importancia de Trabajar en Uno Mismo

A veces, cuando todas nuestras dudas, miedos e inseguridades nos abruman, siempre nos viene el pensamiento de *"Desearía ser otra persona"*. La mayoría de las veces pensamos y creemos que alguien o, más extremo, que la mayoría de las personas son mejores que nosotros; cuando la realidad es que **la mayoría las personas tienen más miedo del que sentimos**.

Acabas de notar a una chica muy guapa y sola en una fiesta, bebiendo muy relajada un vino espumoso de Asti. En tu cabeza piensas: "Se ven perfectamente confiada y tranquila".

Pero si pudieras leer su mente, verías un montón de nubes en sus pensamientos y podrías sorprenderte de lo que realmente pasa por su cabeza "¿Está hablando de mi la gente porque estoy sentada aquí sola? ¿Por qué no soy atractiva para los chicos?" No me gustan mis tobillos, se ven muy delgados… Quisiera ser tan inteligente como mi mejor amiga".

Miramos a un joven empresario de negocios y decimos: "Guau… ¿qué otra cosa podría pedirle a la vida?" Pero ese joven se mira al espejo y dice para sí mismo: "Odio lo grande que son mis ojos… Quisiera saber por qué mis amigos ya no me hablan, espero que mamá y papá todavía puedan resolver sus problemas".

¿No te parece gracioso? Miramos a los demás, los envidiamos por lo maravillosamente perfectos que se ven, y deseamos poder cambiar de vida con ellos, mientras ellos nos miran y seguramente piensan lo mismo.

Sentimos inseguridad por otras personas que son iguales de inseguras que nosotros. Sufrimos de baja autoestima, falta de confianza en nosotros mismos, y perdemos la esperanza de conseguir la autosuperación porque nos dejamos dominar por una desesperación silenciosa.

Somos inseguros ante personas que sufren de las mismas inseguridades que nosotros. Tenemos baja autoestima, falta de confianza en nosotros mismos y perdemos la esperanza de superación personal porque estamos envueltos en una desesperación silenciosa.

A veces, te das cuenta de que tienes un hábito molesto, como morderte las uñas, tener mal aliento y tú, de todas las personas, eres el último en notarlo.

Tengo un amiga que nunca para de hablar. Y en la mayoría de las conversaciones, ella es la única que parece estar interesada sobre lo que habla. Por lo tanto, todos nuestros amigos intentan evitar hablar en grupos cuando ella está cerca, y ella no se da cuenta de que su hábito la ha convertido en alguien socialmente discapacitada, gradualmente afectando a las personas que la rodean.

Una clave para comprender la autosuperación es ESCUCHAR y HABLAR con un amigo de confianza. Busca a alguien con quien puedas hablar fácilmente de cualquier tema, incluso aquellos más delicados que quisieras discutir.

Hazle preguntas como "¿Te parezco mal educado?", "¿Siempre discuto mucho?", "¿Hablo demasiado fuerte?", "¿Tengo mal aliento?", "¿Alguna vez te he aburrido mientras hablamos?". Así, la otra persona podrá notar tu interés por alcanzar la autosuperación.

Abre tus oídos a los comentarios y críticas, y no reacciones diciendo cosas como "¡Estás exagerando! ¡Yo soy así, y punto!" También debes abrir tu mente y tu corazón. Y a cambio, es posible que desees ayudar a ese amigo o amiga con críticas constructivas que también lo ayudarán a mejorar.

Una canción de Whitney Houston dice: "Aprender a amarte a ti mismo es el amor más grande de todos". **¡Bastante cierto!** Para amar a los demás, primero debes amarte a ti mismo. Recuerda: no puedes dar lo que no tienes.

Antes de decir a otros cómo mejorar, tienes que demostrar que tú mismo eres una representación y un producto de la autosuperación. La autosuperación nos hace mejores personas, por lo que podemos inspirar a los demás, y el resto del mundo también lo hará.

Deja de pensar en ti mismo como si pertenecieras en la segunda clase. Olvida ese pensamiento constante de "Si solo tuviera más dinero..." "Si fuera más delgado...", y así sucesivamente. Aceptar tu verdadero yo es el primer paso hacia la autosuperación. Tenemos que dejar ese vicio de compararnos a los demás sólo descubrir al final que tenemos 10 razones más para envidiarlos.

Todos tenemos inseguridades. Nadie es perfecto. Siempre deseamos tener mejores cosas, mejores características, mejores partes del cuerpo, etc.; pero la vida no tiene que ser perfecta para que las personas sean felices consigo mismas.

La autosuperación y el amor a ti mismo no se tratan de gritarle al mundo que eres perfecto y que eres el mejor. Es la virtud de la aceptación y la satisfacción. Cuando comenzamos a mejorar, nos invade una sensación de alegría y felicidad.

Un Nuevo Yo en el Negocio

Si tienes un título en administración de empresas o experiencia previa en gestión de una pequeña o mediana empresa rentable, ya tienes un talento único. A muchos ciudadanos estadounidenses les encantaría tener su propio negocio, pero la mayoría no sabe cómo. Tú podrías enseñarles cómo. Administrar un servicio de coaching empresarial no sólo es una oportunidad emocionante, sino que también tiene el potencial de generar enormes ganancias.

Ahora, si estás interesado en comenzar un servicio de coaching empresarial, te preguntarás cómo ver esas ganancias y clientes. ¿Cómo conseguirás clientes? Con estrategias de marketing e identificando a las personas que pueden beneficiarse de tus servicios. ¿Y quiénes son?

Los empresarios que recién entran al mundo de los negocios. La mayoría de los nuevos dueños de negocios se toman su tiempo para crear su imperio. Hacen una lluvia de ideas y desarrollan un plan, aseguran el financiamiento, y luego se ponen a trabajar. En líneas generales, este es el proceso inicial de las empresas pequeñas, pero muchas no siguen esta ruta. Para algunos, sólo basta tener una idea en la cabeza para comenzar un negocio y ganar dinero; y ellos se lanzan a su suerte.

Actuar es algo clave, pero también lo es la planificación cuidadosa. Actuar sin plantearse primero en un plan sólido es una de las razones por las que muchas nuevas empresas pequeñas y medianas fracasan. Tú, como coach empresarial, puedes evitar que eso suceda.

No todos los nuevos empresarios saben reconocer el valor una capacitación y entrenamiento adecuados. Algunos creen erróneamente que pueden hacerlo todo por sí mismos. Este tipo de personas puede necesitar un pequeño empujón. Dirígelos a tu sitio web, o reparte material promocional gratuito que resalte tus servicios. Además, muestra cómo esos servicios se pueden traducir en ganancias.

Por ejemplo, resalta la importancia del marketing. Tanto las empresas online como las tiendas físicas necesitan un plan de marketing sólido. Nadie comprará productos o pagará por servicios si no saben que existen. Si hablas directamente con el propietario de un negocio, pregúntale sobre su plan de marketing. Si no tienen uno, o tienen un plan mal formulado, haz énfasis en los peligros y riesgos de avanzar por el camino equivocado.

Empresarios que no ven ganancias. Como se explicó antes, algunos propietarios de pequeñas y medianas empresas ignoran cuán importante es buscar ayuda profesional. La mayoría cree que puede manejar todas las responsabilidades por su propia cuenta. Puedes usar la persuasión y las pruebas para hacerlos cambiar de opinión, pero aún así, algunos no cederán. Por esta razón, no sólo debes acercarte a los negocios nuevos, sino también a aquellos que atraviesan dificultades. Comienza con tu comunidad local. ¿Has escuchado rumores de que una pequeña tienda familiar está a punto de cerrar por el aumento de la competencia y las bajas ventas? ¡Es momento de actuar!

Propietarios que no ven ganancias a pesar de tener un plan de negocios en marcha. Puede que ese plan sea bueno y que solo necesiten algunos ajustes. Dado que el negocio ya está operando, debes enfocarte en las ventas, el marketing y la reducción de los costos operativos. Cuando ofrezcas tus servicios a compañías con problemas, ten preparado un plan de acción. Lleva una guía paso a paso para mostrar a los clientes potenciales por qué puedes ser de ayuda y cómo lo harás.

Padres que se quedan en casa buscando una manera de mejorar sus ingresos. Realiza una búsqueda estándar en Internet con las frases "trabajar desde casa", "madres que trabajan desde casa" o "padres que trabajan desde casa". Rápidamente encontrarás foros online donde los padres buscan información sobre cómo ganar dinero desde casa.

Algunas de estas personas sólo buscan un trabajo que les permita trabajar desde casa, pero otras están interesadas en comenzar su propio negocio. Este es otro grupo en el que te debes enfocar.

Cuando trabajes con padres que se quedan en casa, es importante centrarte en el aspecto empresarial. Internet está repleto de estafas que ofrecen trabajo en línea. La mayoría de los padres puede beneficiarse al iniciar su propio negocio, en lugar de trabajar para alguien más. Además, les brinda a los padres más libertad y flexibilidad.

No sólo puedes ayudar a estas personas con la organización, el marketing y las ventas, sino que también puedes darles ideas. Esencialmente, tu trabajo no es solamente el de un coach empresarial, sino un coach para hacer dinero. ¿Acaso uno de estos padres mencionó su interés por la carpintería? Sugiere que saque provecho a esa pasión creando decoraciones en madera natural o juguetes para vender. Si les gusta la idea, tu trabajo es ayudarlos a convertirla en realidad.

Cualquiera con el sueño de comenzar su propio negocio. Como se explicó anteriormente, puedes hacer más que sólo ayudar a los propietarios de pequeñas y medianas empresas a mejorar sus ganancias. También puedes incentivar a la gente a seguir su pasión y sacar provecho de ella.

Por supuesto, esto implica más trabajo ya que estarías ayudando a alguien a hacer surgir su empresa desde cero, pero también aumenta tu alcance. No sólo tienes experiencia como coach para propietarios de pequeñas y medianas empresas, sino que ahora también tienes experiencia en abrir un negocio.

Posibilidades Alternativas

Dado que el pensamiento positivo hace que la capacidad de creer en posibilidades alternativas sea una realidad, también nos lleva a un pensamiento más creativo al enfrentar los contratiempos del día a día. Al creer que la solución puede no ser algo obvio, los pensadores positivos son más propensos a conseguir sus ideas de fuentes inusuales.

Los pensadores positivos también poseen un pensamiento más creativo durante la vida cotidiana. Los autoproclamados pensadores positivos son responsables de una gran cantidad de los inventos, descubrimientos e innovaciones que disfrutamos en la actualidad.

Dado que el pensamiento positivo fomenta un pensamiento más creativo, también fomenta mejores habilidades para resolución de problemas. Cuando los pensadores positivos se enfrentan a una situación particularmente difícil, no solo usan sus habilidades para visualizar un mayor número de soluciones, sino que también usan su creencia en lo positivo para seguir hasta dar con una solución.

Las personas que se enfrentan a constantes problemas o al fracaso, se suelen dar por vencidas con mucha facilidad. Sin embargo, al usar habilidades para resolución de problemas con pensamiento positivo, puedes hacer frente a los problemas y buscar resultados deseables.

Por medio de las ventajas mencionadas, los pensadores positivos reciben un incremento de confianza. Al utilizar las habilidades del pensamiento positivo, comenzarás a experimentar una mayor confianza en ti mismo y en tus capacidades.

Una vez que conozcas éxito tras éxito gracias al pensamiento positivo, tu cerebro se entrenará para ver cada situación como un simple reto en lugar de un obstáculo que te impide alcanzar el éxito.

A medida que desarrolles tus habilidades de pensamiento positivo, esta nueva confianza en ti mismo te brindará un mayor enfoque y determinación. Con tan solo creer que encontrarás una solución adecuada, recibirás la motivación necesaria para persistir en la tarea hasta conseguir el resultado deseado. Además, una actitud positiva puede ayudarte a centrar tu concentración, permitiendo que te mantengas enfocado en los aspectos positivos de la situación hasta que se resuelva el problema.

Construyendo Tu Autoestima

Y entonces, ¿cómo es posible mantener la calma, la compostura y la autoestima en un entorno difícil? Aquí presentamos algunos consejos que puedes considerar como una guía de inicio hacia la autosuperación.

Imagínate a ti mismo como un Tablero de Dardos. Todo y todos a tu alrededor pueden convertirse en Dardos, en un momento u otro. Estos dardos afilados acabarán con tu autoestima y te derribarán de maneras que ni siquiera recordarás. No dejes que te destruyan ni que acaben con lo mejor de ti. Así que, ¿cuáles son los dardos de los que te debes cuidar?

Dardo #1: Entorno Laboral Negativo

Ten cuidado con esa actitud de "sálvese quien pueda", donde todos luchan para salir adelante sin importar quién sale lastimado. Este es el entorno donde las personas que no saben apreciar generalmente prosperan. Nadie verá con buenos ojos tus contribuciones, incluso si te saltas la hora del almuerzo y la cena, o si te quedas despierto hasta tarde. La mayoría de las veces, llegas a trabajar demasiado sin ayuda de las demás personas involucradas. Mantente alejado de esto, o acabará con tu autoestima. La competencia está en juego en cualquier parte. Cuida tu salud lo suficiente como para competir, pero eso sí, en una competencia saludable.

Dardo #2: Comportamiento de los Demás

Entrometidos, curiosos, chismosos, chillones, traidores, francotiradores, personas que siempre están heridas, controladores, fastidiosos, quejosos, personas con poca paciencia, condescendientes, irresponsables... todos estos tipos de personas representan malas vibras para tu autoestima, así como tu proceso para la autosuperación.

Dardo #3: Cambiar el Entorno

No puedes acostúmbrate a moverte siempre en el mismo entorno. Los cambios desafían nuestros paradigmas. Ponen a prueba nuestra flexibilidad, adaptabilidad y alteran nuestra forma de pensar. Los cambios harán que la vida sea difícil por un tiempo, y hasta pueden ser causa de estrés, pero nos ayudarán a encontrar maneras de mejorar nuestro ser. En la vida, el cambio será una constante, por lo que debemos ser propensos a él.

Dardo #4: Experiencia Previa

Llorar y decir "¡ay, duele!" es perfectamente normal cuando experimentamos dolor. Pero no dejes que el dolor se transforme en miedo. Puede que te agarre desprevenido y te haga la vida imposible. Mira cada fracaso y error como una lección de vida.

Dardo #5: Visión Negativa del Mundo

Mira bien en donde pones los ojos. No te dejes envolver por todo lo negativo que existe en el mundo. Cuando se trabaja en la autoestima, debemos aprender cómo sacar provecho a las peores situaciones.

Dardo #6: Teoría de la Determinación

Se dice que tu forma de ser y tus rasgos de comportamiento son un producto final de mezclar rasgos heredados (genética), tu crianza (psique) y tu entorno inmediato, como tu pareja, la empresa, la economía o tu círculo de amigos. Tienes tu propia identidad. Si tu padre es un fracaso, no significa que tú también debas serlo. Aprende de lo que otros han vivido, y así no tendrás que cometer los mismos errores.

A veces, es posible que te preguntes si algunas personas tienen un don natural para actuar como líderes o pensadores positivos. La respuesta es NO. **Ser positivo y mantenerse positivo es una elección.** Trabajar en la autoestima y trazar líneas para tu autosuperación es una elección, no una regla ni un talento. Dios no bajaría del cielo para decirte: "George, ahora se te otorga el permiso para desarrollar tu autoestima y trabajar en ti mismo".

En la vida, es difícil mantenerse fuerte, en especial cuando las circunstancias y las personas que te rodean tienen un peso sobre ti. Cuando lleguemos al campo de batalla, debemos elegir el equipaje correcto para llevar y las armaduras que vestir, y seleccionar aquellas que sean a prueba de balas. La vida nos da una variedad de opciones y opciones. A lo largo de la batalla, recibiremos golpes y heridas. Y llevar esa armadura a prueba de balas, en esencia, representa un "cambio de identidad". El tipo de cambio que viene desde el interior, y que es voluntario. La armadura o el cambio de identidad afectan 3 cosas: nuestra actitud, nuestro comportamiento y nuestra forma de pensar.

Trabajar en la autoestima eventualmente permitirá la autosuperación si empezamos a ser responsables acerca de quiénes somos, qué tenemos y qué hacemos. Es como una llama que debería extenderse poco a poco, como un incendio desde adentro hacia afuera. Cuando desarrollamos la autoestima, tomamos el control de nuestra misión, valores y disciplina. El resultado más elevado de la autoestima es la autosuperación, la evaluación verdadera y la determinación. Entonces, ¿cómo se pueden comenzar a apilar los bloques de construcción de la autoestima? Teniendo una mente positiva. Sintiéndonos contentos y felices. Siendo apreciativo. Nunca dejes pasar la oportunidad de un elogio. Una vida positiva te ayudará a desarrollar la autoestima, tu guía de inicio hacia la autosuperación.

Fijar Metas para el Éxito

Desde niños, siempre hemos tenido una aspiración u meta de algún tipo. Algunos queríamos convertirnos en médicos, abogados o astronautas. Otros llegaron a ser más específicos, querían tener la colección completa de Los Simpson antes de cumplir 20, ser dueños de una casa de dos habitaciones a los 25, o tener un trabajo con un salario de $ 5000 al mes antes de llegar a los 30. Fijar metas u objetivos es una actividad que nos ha acompañado desde siempre. Pero siendo honestos, ¿acaso basta con pensar y soñar las metas que nos hemos propuesto? Por supuesto no.

Trazar metas no consiste simplemente en expresar lo que queremos de la vida, sino también en tener la motivación, la perseverancia y la acción para alcanzarlas y hacerlas realidad.

Hay muchos métodos disponibles para trazar metas de manera efectiva. Aquí presentamos cinco consideraciones básicas:

1. Escribir las metas que te has fijado.

Si bien es cierto que nuestros cerebros tienen la capacidad de guardar información y recordarla, nuestras metas podrían perderse y olvidarse en algún punto, entre el espacio que hacemos para nuestra telenovela favorita y las facturas que tenemos que pagar. Fijar metas funciona mejor si escribimos las cosas y los eventos que queremos que sucedan, de modo que podamos hacer un seguimiento y verificar con frecuencia si todavía estamos en el camino correcto. Sé creativo con esa lista de metas. Colócala en algún lugar donde puedas verla a menudo para que nunca las olvides.

2. Fija una meta que satisfágalo que realmente deseas; que no sea algo para impresionar a los demás.

Sé honesto contigo mismo. Fijar metas no funciona si lo que estás aspirando a lograr es para recibir el placer y la admiración de los demás. Tu meta debe ser algo que te haga feliz y te beneficie A TI. Después de todo, tú eres el que va a trabajar para alcanzarla.

3. Evita fijar metas contradictorias. Sé realista.

Para dar un ejemplo simple, no puedes simplemente escribir "apartar $500 del salario este mes" si tan solo ganas $800 al mes, y tienes una renta de $250. ¿Cómo sobrevivirías con $50 al mes?

Si bien ahorrar $500 puede parecer una muy buena idea, y podría representar una cuenta de ahorros grande en poco tiempo, no es una meta realista. Establece tus metas en base a lo que realmente puedes hacer.

4. Trata de ser más detallado cuando fijes tus metas.

Esto te ayudará a identificar tu siguiente paso con más facilidad. Por ejemplo, "comprar un iPod Shuffle de $99 en un mes" es más fácil de lograr que simplemente fijar como meta "comprar un iPod". No sólo será más fácil lograr la meta fijada, sino que también será más satisfactorio ya que no habrá confusión ni dudas en el camino.

5. Apégate a tus metas. Evita salirte del rumbo.

Si has escrito, "ahorrar $5 del presupuesto para gastos diarios", entonces sé diligente con la meta. No apartes $2 hoy y luego haces una nota mental para guardar $8 al día siguiente. Debes ser consistente. Hacer trampa en tu lista de metas es igual que engañarte a ti mismo. Por supuesto, esto es más efectivo para objetivos a corto plazo. Si antes tu meta original era "tener un scooter Honda antes de los 30", seguramente puedes aspirar a algo más grande y escribir que quieres un Honda Civic si tu salario es $8000 al mes a tus 25.

Las claves para establecer metas efectivas son la consistencia y la disciplina. En resumen, tienes que saber exactamente lo que quieres para poder conseguir eso y más. Ten siempre en mente estos consejos al fijar tus metas y, quién sabe, ¡tus sueños podrían convertirse en realidad en menos tiempo del que imaginas!

Sigue Adelante

A las personas buenas les pueden pasar cosas malas. Es parte de la vida. Una de las cosas más impresionantes de los seres humanos es nuestra capacidad de resistencia frente al trauma. La supervivencia y la recuperación milagrosa no son sucesos ocasionales en el mundo. Todos los días, alguien sobrevive a una tragedia. Todos los días, alguien da un paso más hacia una vida más feliz a pesar de un fuerte trauma del pasado. Todos los días, la vida sigue, y nos adaptamos, y somos más fuertes gracias a ello.

Nuevamente, las sugerencias en esta sección no son sustitutas de la ayuda psiquiátrica profesional. Sin embargo, para muchas personas, la autoayuda ha sido muy efectiva para aliviar el estrés del trauma y tomar control de sus propias vidas.

Ya sea que elijas buscar ayuda profesional o caminar por tu

propio sendero de sanación, debes saber que puedes liberarte y comenzar a vivir tu vida nuevamente si la tragedia llega a tocarte. No tienes que dejar que el trauma te impida lograr lo que realmente deseas hacer en la vida.

Puedes elegir solo una, o combinar cualquiera de estas técnicas para trabajar en liberarte del trauma. Si no te sientes cómodo con un enfoque, pasa al siguiente y sigue intentando.

"Podría Ser Peor": Dramatización y Conciencia

Cuando se trata de una experiencia traumática leve, la risa puede ser la mejor medicina. Si eres capaz de analizar la situación de manera objetiva, puedes "reírte" de ella o, al menos, mirar la situación con suficiente raciocinio para darte cuenta de que no fue tan malo como suponías.

Hay dos formas de abordar este método. La primera es simplemente usar tu imaginación. Recuerda el trauma, y luego imagina todas las formas en que podría haber sido peor. Por ejemplo, si tienes una cuenta corriente, es posible que el cheque haya rebotado, que hayas tenido que pagar una comisión al banco, y que hayas tenido que posponer el pago de alguna factura, o no poder comprar algo que tenías planeado.

Ahora, imagina lo que podría haber pasado si varios cheques hubieran rebotado. Posiblemente no habrías podido cancelar varios pagos. El efecto bola de nieve representaría la pérdida de tu coche, o que suspendan tu servicio de electricidad. Tus facturas podrían haberse salido de control y eventualmente dejarte en la calle. *Cuando imaginas lo peor, es más fácil ver los contratiempos en perspectiva.

"Si estás pasando por un infierno, sigue adelante." - Sir Winston Churchill

¡Y no te detengas hasta estar del otro lado!

Motivación: La Clave de la Autosuperación

A veces, el dolor puede ser la razón por la cual las personas cambian. Reprobar en un examen nos hace darnos cuenta de que necesitamos estudiar. Las deudas nos recuerdan nuestra incapacidad para conseguir una fuente de ingresos. Ser humillado nos da el 'empujón' para hablar y defendernos para cuidarnos de la próxima situación vergonzosa. Puede ser una experiencia amarga, la historia trágica de un amigo, una gran película o un libro inspirador lo que nos ayudará a levantarnos y conseguir la cantidad necesaria de motivación para mejorarnos a nosotros mismos.

Con las infinitas experiencias negativas que el mundo propicia, ¿cómo es posible mantenerse motivado? ¡Prueba alguno de los consejos que he preparado de la **A hasta la Z**!

A. **Alcanza tus sueños**. Evita a la gente, cosas y lugares negativos. Eleanor Roosevelt dijo una vez: "el futuro pertenece a quienes creen en la belleza de sus sueños".

B. *Believe In Yourself*: **Cree en ti mismo**, y en lo que puedes hacer.

C. **Considera todas las cosas desde todos los ángulos y aspectos**. La motivación proviene de la determinación. Para comprender la vida, debes sentir el sol por ambos lados.

D. **Debes seguir siempre, sin rendirte ni darte por vencido**. Thomas Edison fracasó una, dos y más de tres veces antes de que inventar y perfeccionar su invención: la bombilla incandescente. Haz que la motivación sea tu volante.

E. **Es algo que debes disfrutar**. Trabajar como si no necesitaras dinero. Baila como si nadie te estuviera viendo. Ama como si nunca te hubieran lastimado. Aprende como si fueras a vivir por siempre. La motivación es algo natural cuando la gente se siente feliz.

F. **Familiares y Amigos Fieles**– las efes (F) más importantes de la vida. Nunca los pierdas de vista.

G. **Ganar es dar más de lo que se necesita**. ¿Cómo se consigue la motivación y la autosuperación en el trabajo? ¿En casa? ¿En la escuela? Al hacer un esfuerzo extra en las cosas que haces.

H. **Honra tus sueños y no los abandones**. Puede que pierdas motivación por un momento, pero estas pequeñas joyas serán tu fuerza impulsora.

I. **Ignora a quienes te intenten destruir**. No te dejes vencer por nadie. Aléjate de las personas tóxicas, el tipo de amigos que odia escuchar acerca de tu éxito.

J. *Just Be Yourself*: **Sé tú mismo**. La clave del éxito es ser tú mismo. Y la clave del fracaso es tratar de complacer a todos.

K. *Keep Trying*: **Sigue intentando, sin importar cuán difícil parezca la vida]**. Cuando una persona está motivada, puede finalmente ver cómo esa vida dura empieza a hacerse más fácil, abriendo el paso hacia la autosuperación.

L. *Love Yourself:* **Aprende a amarte a ti mismo**. ¿Acaso no es algo fácil?

M. *Make Things Happen:* **Haz que las cosas sucedan.** La motivación viene cuando pones tus sueños en marcha.

N. **Nunca mientas, engañes o robes**. Siempre sigue las reglas del juego.

O. *Open Your Eyes:* **Abre tus ojos**. La gente debe aprender a tener una buena actitud y un buen juicio. Ven las cosas de 2 maneras: cómo quieren que sean las cosas, y cómo deberían ser.

P. **(La) Práctica hace al maestro**. La práctica se trata

de la motivación. Nos permite aprender el repertorio y las formas en que podemos recuperarnos de nuestros errores.

Q. **Quienes se rinden, pierden**. Y los ganadores nunca se rinden. Así que elige tu destino: ¿Serás de los que se rinden? ¿O serás un ganador?

R. ***Ready Yourself*: Prepárate**. La motivación también implica preparación. Debemos escuchar esa pequeña voz interior que nos dice que es hora de comenzar antes de que los demás se pongan de pie y traten de darnos el empujón. Recuerda, no estaba lloviendo cuando Noé construyó el arca.

S. **¡Sin Procrastinar!**

T. **Toma el control de tu vida**. La disciplina o autocontrol rima con motivación. Ambon son factores clave para la autosuperación.

U. **Usa tu compresión hacia los demás.** Si sabes hablar bien, también debes aprender a escuchar. Busca siempre comprender primero, y luego busca ser comprendido.

V. **Visualízalo**. La motivación sin visión es como un bote en tierra firme.

W. ***Want It:* Deséalo más que cualquier otra cosa**. Soñar significa creer. Y creer es algo que está muy arraigado en la motivación y la autosuperación.

X. **'X' Factor: lo que te hará diferente de los demás**.

Cuando estás motivado, tiendes a poner "extras" en toda tu vida, como tiempo extra para la familia, ayuda extra en el trabajo, tiempo extra para los amigos, y así sucesivamente.

Y. ***You Are Unique*: Tú eres único.** Nadie en este mundo se ve, actúa o habla como tú. Valora tu vida y tu existencia, porque sólo tienes una.

Z. ***Zero In On*: ¡¡¡Concéntrate en tus sueños y persíguelos!!!**

Motiva a Tu Equipo

Ya que los recursos humanos son un elemento vital para el éxito de tu organización, comienza por fijar metas para tus empleados.

Establecer metas para los empleados te permitirá utilizar un enfoque estratégico en tus formas de planificar programas o iniciativas, con la intención de contribuir directamente a los objetivos a largo plazo de tu organización. El primer y más importante objetivo es que la división de recursos humanos aumente la productividad de los empleados y los ingresos corporativos.

Fijar metas para los empleados es solo una parte de los objetivos integrales de una empresa. Los otros son relativos a la producción, finanzas y marketing de ventas. Fijar metas para los empleados aporta muchos beneficios a la empresa.

Existen muchas razones para que establezcas metas puntuales para los empleados. Las metas pueden mantenerlos motivados constantemente al concentrarlos en el propósito de tu negocio. El éxito se vuelve una posibilidad mediante esta estrategia ya que los esfuerzos y la concentración de los empleados están orientados hacia los objetivos de la empresa.

Cada organización debe saber cómo evaluar el desempeño de sus empleados y alinear los objetivos organizacionales que eventualmente llevarán a su crecimiento. Básicamente, fijar metas para los empleados aumentará su productividad, lo cual es vital para el crecimiento de cualquier empresa.

Sonreír para el Éxito

Según el proverbio, una imagen vale más que mil palabras, así que una sonrisa debe valer más que un millón. El poder de sonreír es increíble. Incluso si no tienes ganas de hacerlo, el simple hecho de mover las comisuras de la boca puede ayudarte a levantar todo tu espíritu, y encontrar algo por lo que valga la pena sonreír.

Algunos de los mejores consejos de autoayuda que puedes encontrar provienen de quienes defienden la postura de "finge hasta que lo consigas". Esto es particularmente cierto cuando se trata de un pensamiento positivo, y fingir una sonrisa contribuye en gran medida a producir lo genuino. Puedes terminar riéndote de ti mismo sólo por el hecho de que sabes que no hay una verdadera razón para sonreír.

Otra gran cosa acerca de las sonrisas es que son muy contagiosas. Una sonrisa se extiende más rápido que un resfriado en un jardín de infancia. La mayoría de las personas no pueden evitar sonreír cuando alguien se acerca a ellos con una expresión feliz en el rostro. Esta es una teoría simple e interesante que tú mismo puedes poner a prueba.

Ve a cualquier lugar público y sonríe a varias personas al azar, luego haz un seguimiento de cuántas sonrisas viste (¡hasta las sonrisas sospechosas cuentan!). Es probable que 9 de cada 10 de tus objetivos te devuelvan una expresión alegre, y es probable que también les hayas alegrado un poco el día.

Aprender a sonreír a voluntad es un paso importante hacia el desarrollo de una mentalidad positiva permanente. Una buena técnica para provocar sonrisas es elegir un recuerdo feliz que siempre sea capaz de llenarte de buenos sentimientos. Ahora ten ese recuerdo siempre presente en tu mente, y accede a él cada vez que te sientas deprimido.

Es probable que no consigas resolver tus problemas, pero al menos te hará sonreír, y esto te ayudará a relajarte y estudiar tu situación de manera objetiva. Sonreír a menudo crea una señal mental para la base del pensamiento positivo, y ayuda a motivar la felicidad.

También debes pasar un tiempo frente al espejo y estudiar tus propias expresiones. Al principio, esta actividad puede ser incómoda o hasta tonta, pero sonreír ante tu propio reflejo tiene un efecto positivo en la psique. Incluso puedes practicar diferentes tipos de sonrisa: sonrisa de satisfacción, sonrisa con labios apretados para bromear, sonrisa de oreja a oreja, reírte en voz alta con la boca abierta. Imagina que se trata de un evento olímpico... ¡tu maratón personal de sonrisas y siempre ganas medalla de oro!

Desbloqueando tu Poder para la Autosuperación

Cuando miramos un objeto en específico, por ejemplo, una pintura, no podremos apreciar lo que hay dentro, lo que está pintado y lo demás que sucede en ella si la pintura está a solo una pulgada de distancia de nuestra cara. Pero si damos unos pasos atrás, tendremos una visión más clara de toda la obra de arte.

En nuestra vida llegamos a un punto cuando estamos preparados para el cambio y una enorme cantidad de información que nos ayudará a desbloquear nuestro poder de autosuperación. Hasta que eso suceda, algo podría estar mirándonos justo debajo de nuestras narices, pero somos incapaces de verlo. La única vez que pensamos en desbloquear nuestro poder para autosuperación es cuando todo va de mal en peor.

Tomemos como ejemplo el síndrome de la rana hervida.

Intenta meter a la rana A en una olla con agua hirviendo. ¿Qué pasa? ¡La rana salta hacia fuera de inmediato! ¿Por qué? Porque no puede tolerar cambios repentinos en su entorno, en este caso, la temperatura del agua. Luego intenta con la rana B: colócala dentro de agua tibia, enciende la estufa, y espera hasta que el agua alcance su punto de ebullición. La rana B piensa "Oh... se está poniendo caliente aquí".

Por lo general, la gente actúa como la rana B. Por ejemplo, hoy

Anna piensa que Carl la odia. Mañana, Patrick se acerca a ella y le dice que la odia. Anna sigue igual y no le importa lo que digan sus amigas. Al día siguiente, se entera que también le desagrada a Kim y a John. Anna no es capaz de notar cuán importante y necesaria es la autosuperación sino hasta que toda la comunidad la detesta.

Aprendemos nuestras lecciones cuando experimentamos dolor. Sólo vemos las señales de advertencia cuando las cosas se ponen difíciles. ¿Cuándo nos damos cuenta de que necesitamos cambiar las dietas? Cuando ninguno de nuestros jeans y camisas nos queda bien. ¿Cuándo dejamos de comer dulces y chocolates? Cuando se han caído todos nuestros dientes. ¿Cuándo nos damos cuenta de que tenemos que dejar de fumar? Cuando nuestros pulmones dejan de funcionar como deben. ¿Cuándo oramos y pedimos ayuda? Cuando nos damos cuenta de que mañana vamos a morir.

La única circunstancia en que la mayoría de nosotros aprende a desbloquear nuestro poder de autosuperación es cuando el mundo entero se viene abajo y se desmorona. Pensamos y sentimos así porque no es fácil cambiar. Pero el cambio es mucho más doloroso cuando lo ignoramos.

El cambio va a suceder, te guste o no. En un momento u otro, todos vamos a atravesar momentos decisivos en nuestra vida, y finalmente vamos a desbloquear nuestro poder de autosuperación, no porque el mundo lo diga, ni porque nuestros amigos se quejen, sino porque nos dimos cuenta que es por nuestro propio bien.

Las personas felices no sólo aceptan el cambio, lo reciben con brazos abiertos. Para nosotros, no es necesario sentir que la olla está hirviendo antes de darnos cuenta de la necesidad de autosuperación. Desbloquear tu poder de autosuperación significa escapar de esa jaula del pensamiento que te dice "yo soy así". Es una mala excusa que las personas usan cuando temen y se resisten al cambio. La mayoría de nosotros programamos nuestras mentes como computadoras.

Jen siempre les dice a todos que no tiene suficiente valentía para estar junto a grupos de personas. Ella escuchó a su mamá, a su papá, a su hermana, y hasta a su maestra decir esto sobre ella a otras personas. Con los años, Jen se ha convencido de esto. Ella cree que es parte de su historia. ¿Y qué pasa? Cada vez que un gran número de personas está en su casa, en la escuela y en la comunidad, ella retrocede, se aleja y se encierra en su habitación. Jen no solamente está convencida de esta historia, sino que la vivió.

Jen tiene que darse cuenta de que ella no es la persona de esa historia. En lugar de que los demás cuenten esa historia frente a ella para que todos la recuerden, ella necesita ser fuerte de espíritu y decirle a la gente: "¡Soy una persona importante y debo ser tratada como tal!".

La autosuperación puede que no sea la palabra favorita de todos, pero si miramos las cosas desde otra perspectiva, tendremos más posibilidades de disfrutar todo el proceso en lugar de contar los días hasta que ver una mejoría total. Tres sesiones a la semana en el gimnasio te darán como resultado una vida más saludable, leer libros en lugar de ver la televisión contribuirá a un conocimiento más profundo, salir con amigos y compañeros te ayudará a olvidar el trabajo y relajarte. Y justo cuando estés disfrutando de todo el proceso de desbloquear tu poder de autosuperación, te darás cuenta de que estás empezando a tomar las cosas con calma y a ser feliz.

Los beneficios de ser positivo

Al aprender técnicas de pensamiento positivo y ponerlas en práctica en todos los aspectos de tu vida, puedes obtener muchos beneficios internos y externos.

Los beneficios internos que se obtienen al adoptar una forma de pensamiento positivo son: la actitud positiva, creer en posibilidades alternativas, el pensamiento creativo, mejores habilidades para resolución de problemas, confianza, enfoque, determinación, satisfacción y sentimientos de logro.

El pensamiento positivo conduce hacia una actitud positiva, simplemente porque pensar en los rasgos y aspectos positivos de tu vida hace que tu cerebro trabaje en un estado de "optimismo". Al pensar constantemente en los pensamientos positivos, tu cerebro se está condicionando para mirar el lado positivo de cada situación, lo que a su vez hace que se sienta satisfecho con tu posición actual en la vida.

El pensamiento positivo también conduce a una actitud positiva porque mantiene tu mente ocupada. Si tu mente se concentra en los pensamientos positivos, es extremadamente difícil para ella detenerse a pensar en lo negativo al mismo tiempo.

Debido a su naturaleza, el pensamiento positivo también lleva a creer en posibilidades alternativas. Cuando nos vemos frente a una situación que, a primera vista, parece no tener solución, los pensadores positivos tienen la capacidad natural de mirar fuera del marco para encontrar soluciones poco convencionales o inesperadas. Esta capacidad de mirar más allá de lo obvio abre más puertas y posibles resultados, tanto para el ámbito personal como profesional.

Por ejemplo, una persona que usa habilidades de pensamiento positivo tiene más posibilidades de superar una situación estresante, como ser despedido del trabajo, que aquella que posee poca o ninguna capacidad para los pensamientos positivos. Un pensador positivo usará sus habilidades para ampliar su nueva búsqueda de empleo y, por último, encontrar un mejor empleo en menos tiempo.

Sin un Yo Negativo

Cuando lo piensas, parece algo obvio: lo negativo es lo opuesto de lo positivo, por lo que para fomentar una mentalidad positiva, necesitas deshacerte de los pensamientos negativos. Parece bastante simple, ¿no? El proceso es fácil, pero como en todo, se necesita práctica para lograrlo.

El primer paso para eliminar la negatividad de tu mente es prestar atención y analizar tus pensamientos. Siempre que palabras como no puedo, no debo, no quiero, no haré, no, o nunca entre en tu mente, concéntrate en lo que estás pensando y dale la vuelta para eliminar las palabras negativas. Por ejemplo:

Tu esposa e hijos salieron por un par de horas y tienes la casa para ti solo. Estás disfrutando de una de tus actividades favoritas. En medio de tu diversión, comienzas a sentirte culpable. Piensas: realmente no debería estar haciendo esto. Podría estar trabajando en el proyecto que prometí a otra persona de que me encargaría. Tu diversión comienza a desaparecer, y dejas de hacer lo que estás haciendo, resentido de tener que trabajar en este proyecto aburrido cuando tienes tan poco tiempo para ti mismo...

¿Te parece familiar este escenario? Justo cuando te escuches a ti mismo pensar en que no debes, detente y cambia de dirección. En este escenario, podrías estar pensando que realmente deberías estar haciendo eso que haces. Tomarme un tiempo para mi disfrute es importante, y cuando esté relajado y satisfecho, podré hacer un mejor trabajo en ese proyecto que prometí a alguien más. Estoy tan contento de haber tenido la oportunidad de hacer algo que disfruto.

Trate de hacer esto cada vez que un pensamiento negativo llegue a ti. Cuanto más a menudo elimines las ideas negativas de tu mente, más fácil será abrir espacio para los pensamientos positivos. Estarás más relajado y receptivo a las soluciones positivas.

El Éxito Comienza Temprano

Todos los estudiantes tienen necesidades universales, tales como buenas habilidades de estudio, uso efectivo del tiempo, sistemas de apoyo académico y social, y salidas de recreación. Puedes estar fuera del camino correcto si alguno de estos aspectos no se atiende como es debido. Puedes estar guiado por un buen conjunto de metas.

Un conjunto de metas comienza con una comprensión clara de tu perspectiva general o de tus objetivos a largo plazo. Debes tener una definición precisa de por qué estás en la escuela, y qué es importante para ti ahora y en el futuro.

Fija metas razonables, realistas y alcanzables para ti, ahora como estudiante y en el futuro: lo que se conoce como planes a corto y a largo plazo. Las metas deben ser concretas y específicas, que puedas transformar en tareas alcanzables a diario. Las metas específicas a corto plazo pueden ser cosas como "repasar mis apuntes de química al menos 1 hora todas las noches" en vez del habitual "estudiar más". Ser específico al fijar metas servirá para guiarte en lo que realmente deseas hacer.

En estudiantes, fijar metas mejora su autopercepción. Es una llamada a reconocer las fortalezas necesarias para superar y dar con soluciones a los problemas, e identificar sus debilidades para que puedan comenzar a trabajar en ellas. Si los estudiantes aprenden cómo fijar sus metas correctamente, puede darles una visualización de cómo planificar acciones para alcanzarlas y cómo llevarlas a cabo.

Otros beneficios de fijar metas

- te motiva a establecer prioridades como estudiante y a tener una dirección clara sobre lo que deseas

- te hace responsable en tu proceso para tomar decisiones

Una vez hayas fijado tus metas, aquí hay unas estrategias que pueden ayudarte en tu camino por lograrlas:

- encuentra un grupo de amigos en los que realmente puedas confiar, incluso con tu vida. Puedes tener una amistad con alguien que se preocupa por ti y tus metas.

- desarrolla hábitos de estudio. No te esfuerces si no puedes concentrarte, en vez de eso, distánciate de tus apuntes por un momento y relájate tu mente. Luego retoma el estudio tan pronto te sientas mejor.

- diseña tu propio programa para ayudarte a gestionar tu

tiempo y tus actividades escolares. Haz uno y síguelo al pie de la letra.

- comunícate con tu maestro desde el principio. Si tienes preguntas, hazlas. Esto te ayudará a tener una mejor comprensión de tus clases y a la vez podrás mantener una buena relación con tu maestro.

- concéntrate mucho, en especial durante los exámenes, y podrás relajarte cuando recibas buenas calificaciones.

Seguir hasta el final

Seguramente, tus metas son desafiantes. Esperarás encontrar problemas y adversidades. Es por eso que la autodisciplina y la persistencia son vitales para establecer tu plan de acción.

Ser un estudiante y una persona autodisciplinada a veces significa hacer lo que no quieres hacer, y renunciar a algo que deseas, para poder alcanzar metas más grandes. A veces, necesitas decir no a una salida al cine y dedicar tiempo a estudiar para un examen al día siguiente. Esto puede ser aún más difícil si tomamos en cuenta la presión social, pero recuerda que podrás ver todas las películas que quieras una vez hayas aprobado todos tus exámenes.

Tener una voluntad fuerte y determinación es clave porque los fracasos son numerosos. Se trata de realmente preguntarte si estás dispuesto a hacer lo que se necesita para obtener lo que quieres.

La disciplina y la persistencia son ingredientes vitales que no debes subestimar.

Sigue todas estas estrategias con una buena disposición. Después de todo, todos los exámenes y pruebas terminarán pronto, y un desafío más grande espera: el éxito en el mundo corporativo.

Haciendo Tiempo para el Éxito

¿Eres de los que sabe cómo hacer buen uso del tiempo? Si no es así, es probable que quieras aprender nuevas formas de mejorar. Esto se debe a que una mala administración del tiempo puede tener un impacto negativo en la vida personal.

Desafortunadamente, muchos creen que la mala administración del tiempo sólo afecta a las personas en el trabajo, pero no es así. De hecho, el mal uso del tiempo puede afectar tu vida personal de muchas maneras.

Si no sabes cómo administrar el tiempo, es probable que te sientas estresado. También puedes sentir una gran variedad de emociones, como ira, frustración y hasta miedo. Teniendo esto en consideración, si aprendes a administrar adecuadamente el tiempo, es más probable que lleves una vida feliz, saludable, productiva y libre de estrés.

Aunque frecuentemente asociamos la mala administración del tiempo con incumplir plazos de entrega y llegar tarde al trabajo, es importante recordar que lo mismo aplica en la vida social. ¿Tienes amigos? ¿Qué tanto hablas con ellos? ¿Con qué frecuencia se reúnen para tomar un café o en la hora del almuerzo?

Si lo haces, ¿con qué frecuencia llegas tarde a reuniones con tus amigos, o te olvidas de hablar con ellos regularmente? Si tienes problemas con esto, podrías terminar por perder tus amistades.

Además de tener un impacto negativo en tus amistades, la mala administración del tiempo también puede afectar las relaciones sentimentales. Para tener una relación sana y feliz, aprender a administrar el tiempo es importante.

Debes saber cuánto tiempo dedicar a tu pareja, en lugar de usarlo sólo en trabajar, mirar televisión o salir con los amigos. Administrar el tiempo también es importante cuando quieres asegurarte de ser puntual al llegar a casa o a una cita.

Si eres padre, la mala administración del tiempo también puede tener un impacto en tu relación con tus hijos. Cuando eres un padre, tienes responsabilidades que cumplir con tus hijos. La más básica de estas responsabilidades es alimentar y vestir a sus hijos.

Dependiendo de sus edades, también puedes ser razonable al prepararlos y enviarlos a la escuela o guardería. Si no tienes un sentido adecuado del tiempo o si simplemente no lo usas sabiamente, puedes terminar haciendo daño a tus hijos, como hacer que lleguen tarde a la escuela u otros eventos importantes. Lo ideal sería que todas las personas tuvieran un buen sentido del tiempo, pero esto es algo todavía más importante para los padres.

En lo que respecta a la paternidad, si eres un padre, el mal uso del tiempo también da malos ejemplos a tus hijos. Si tienes adolescentes en el hogar, niños pequeños o en primaria, es probable que ya sean conscientes de tu comportamiento. Si quieres que tus hijos obtengan buenas calificaciones en la escuela y luego consigan buenos empleos, es importante que les enseñes a todos acerca de la administración del tiempo y su valor.

Una de las mejores maneras de hacerlo es dando un buen ejemplo a los hijos. Lo bueno es que hacer esto es mucho más fácil de lo que parece. Puedes dar un buen ejemplo a tus hijos con sólo prepararte a tiempo para ir al trabajo en la mañana, o llegar con puntualidad a eventos programados.

Otra de las muchas maneras en que tener un mal sentido del tiempo puede ser perjudicial es tus finanzas. Las personas que no saben administrar su tiempo suelen llevar malas finanzas. Esto sucede por que quienes no han aprendido a administrar adecuadamente su tiempo, a menudo pagan sus cuentas tarde.

En el caso de las tarjetas de crédito, esto puede resultar en pagos mínimos costosos que simplemente no se pueden pagar. Al saber el plazo de vencimiento de todas tus facturas, es probable que tengas mejores finanzas, pero la administración del tiempo sigue siendo importante.

Como has podido notar, hay muchas maneras en las que una mala administración del tiempo puede afectar negativamente tu vida personal. Por esa razón, es hora de tomar medidas para asegurarte de que no afecte la suya.

Curso Intensivo: Programa de 7 días para la Autosuperación

He perdido la cuenta de cuántas veces he leído y escuchado hablar de divorcios de celebridades en todas partes del mundo. No es que realmente me importe (y personalmente no), pero parece extraño que con frecuencia veamos a las estrellas de cine y televisión como seres perfectos, viviendo el sueño de la riqueza y el glamour. Supongo que ya es hora de que todos bajemos de esa nube y enfrentemos la realidad.

Hay muchas maneras de perder tu sentido de autoestima, a pesar de lo trivial que pueda llegar a ser. Pero recuerda que sin importar lo que pase, todos debemos tratar de no perder nuestro sentido del yo.

Y entonces, ¿qué se necesita para ser mejor que los demás? Estas son algunas de las cosas en las que puedes pensar y mejorar, y que deberían ser suficientes para una semana.

Día 1: Conoce tu propósito.

¿Estás caminando por la vida sin dirección, esperando encontrar la felicidad, la salud y la prosperidad? Identifica cuál es el propósito o misión en tu vida, y así tendrás una brújula que siempre marcará hacia el norte.

Esto puede parecer difícil al principio, en especial cuando te ves caminando por un callejón estrecho o incluso sin salida. Pero siempre hay una manera casi imperceptible de cambiar las cosas, y con esto puedes marcar una gran diferencia en tu propia vida.

Día 2: Conoce tus valores.

¿Qué es de más valor para ti? Prepara una lista de tus 5 valores primordiales. Algunos pueden ser seguridad, libertad, familia, desarrollo espiritual, aprendizaje. A medida que fijas tus metas para el año, contrasta esas metas con tus valores. Si la meta no está alineada con ninguno de sus cinco valores, puede que quieras reconsiderarla o revisarla.

No te debes sentir intimidado por el número, sino que debería motivarte a hacer más de lo que jamás hayas podido soñar.

Día 3: Conoce tus necesidades.

Las necesidades insatisfechas pueden impedirte llevar una vida auténtica. Recuerda cuidar de ti. ¿Tienes una necesidad de reconocimiento, de tener la razón, de tener el control, de ser amado? Hay tantas personas que viven sus vidas sin conocer realmente sus sueños, y la mayoría de ellos terminan estresados o hasta deprimidos. ¡Construye una lista con tus cuatro necesidades principales, y satisface esas necesidades antes de que sea demasiado tarde!

Día 4: Conoce tus pasiones.

Ya sabes quién eres y lo que realmente te gusta en la vida. Obstáculos como la duda y la falta de entusiasmo sólo te estorbarán, pero no te desviarán del camino para convertirte en la persona que debes ser. Haz que tu voz se escuche, y honra a aquellos que te han inspirado para convertirte en la persona que querías ser.

Día 5: Vive de adentro hacia afuera.

Expande tu conciencia acerca de tu sabiduría interior tomando momentos de introspección en silencio constantemente. Entra en contacto con la naturaleza. Respira profundamente para tranquilizar tu mente distraída. Para la mayoría de nosotros que vivimos en la ciudad, es difícil encontrar la paz y la tranquilidad que anhelamos incluso en nuestra propia casa. Lo que yo hago es sentarme en una habitación luz tenue y escuchar música clásica. Hay algo de sonido, sí, pero la música amansa a las fieras.

Día 6: Honra tus fortalezas.

¿Cuáles son tus aspectos positivos? ¿Qué talentos especiales tienes? Enumera tres: si no eres capaz de hacerlo, pide ayuda a las personas más cercanas para identificarlos. ¿Eres imaginativo, ingenioso, bueno con las artes manuales? Encuentra formas de expresar tu ser auténtico a través de tus fortalezas. Cuando eres capaz de compartir lo que sabes con los demás, puedes mejorar tu confianza en ti mismo.

Día 7: Servir a los demás.

Cuando llevas una vida auténtica, es posible que desarrolles un sentido interconectado de ser. Cuando eres fiel a la persona que eres, viviendo con propósito y compartiendo tus talentos con el mundo que te rodea, pones al servicio aquello que viniste a compartir con los demás: tu espíritu, tu esencia. Las recompensas por compartir tus dones con aquellos cercanos a ti son realmente gratificantes, y mucho más si es con un extraño que pueda apreciar realmente lo que les has hecho por él.

La autosuperación es, de hecho, un tipo de trabajo que vale la pena. No siempre debería estar limitado al espacio de una oficina, o quizás dentro de las cuatro esquinas de tu propia habitación. La diferencia está en nuestro interior y cuánto queremos cambiar para mejorar.

Ejercicios para reforzar el pensamiento positivo

Para poder aprovechar los beneficios personales y profesionales que implican el pensamiento positivo, primero debes entrenar tu mente para que piense automáticamente en lo positivo, sin que tengas que tomar la decisión consciente de "ser positivo". Para ello, deberás seguir ciertos pasos. Lo primero es tomar una decisión consciente de adoptar un pensamiento positivo, y luego dedicarse de todo corazón para alcanzar ese objetivo. Para que el pensamiento positivo tenga un efecto en tu vida, también tendrás que creer en esos beneficios. Y, como los contratiempos son algo esperado en este viaje, también necesitarás el poder de tus convicciones para ayudarte a no perder el rumbo.

Una vez que te hayas dedicado completamente a aprender las habilidades del pensamiento positivo, tendrás que poner en práctica ciertos ejercicios para enseñarte a ti mismo los métodos, y así reforzar el carácter positivo en tu mente. La siguiente es una lista de formas de aprender y practicar el arte del pensamiento positivo.

Revisa tu diálogo interno - El primer paso hacia las habilidades del pensamiento positivo es revisar qué tipo de pensamiento está actualmente en tu interior. Piensa en la última vez que tuviste un mal día. ¿Cómo reaccionaste? ¿Qué tipo de cosas te dijiste a ti mismo, tanto internamente como en voz alta? ¿Qué sentiste inmediatamente al vivir esa situación? ¿Cómo te sentiste al respecto después de vivirlo? ¿Cómo te sientes ahora sobre la situación?

Las respuestas a estas preguntas te darán una buena idea del tipo de diálogo interno que usualmente ocurre en tu mente. Por ejemplo, ¿te mortificaste por el problema? ¿Tu mente buscó explicaciones sobre el problema para aceptar tu culpabilidad? ¿O simplemente le echaste la culpa a tu mala suerte?

Para poder identificar la diferencia entre el diálogo interno positivo y el diálogo interno negativo, comparemos los dos hábitos bajo la misma situación. Para este ejemplo, supongamos que Sally, una costurera que trabaja desde casa, comenzó su propio negocio online para vender sus bolsos artesanales. Cuando el negocio comenzó a prosperar, contrató a otra mujer para coser algunos de los bolsos por ella. Hace poco, diez de estos bolsos fueron devueltos debido a defectos.

Ejemplo #1- diálogo interno negativo: En este ejemplo, podrás leer algunas de las cosas que Sally dijo o pensó para sí misma al recibir los bolsos devueltos.

"Debí haber inspeccionado los bolsos con más cuidado. Yo sabía que lo iba a hacer mal".

"¿Por qué se me ocurrió que podría tener éxito en este negocio?"

"Ya me arruiné. Ahora nadie querrá comprar estos bolsos".

"Todos dijeron que no lo lograría y estaban en lo cierto".

"Soy una imbécil, ¿cómo fui capaz de cometer semejante error?"

"Si no fuera por la mala suerte, no tendría ningún tipo de suerte en lo absoluto".

"¿Por qué soy tan estúpida?"

Ejemplo #2-diálogo interno positivo: Aquí leeremos algunas de las cosas positivas que Sally pensó o se dijo en voz alta a sí misma.

"Pues claro que esto es un contratiempo, pero me dará la oportunidad de mejorar mis habilidades en servicio al cliente".

"A pesar de que olvidé prestar atención a los detalles, acabo de aprender una gran lección".

"Afortunadamente, sólo fueron 10 bolsos y el problema se identificó antes de que fuera más serio".

"Todos negocio tiene sus inconvenientes. Voy a usar este como ejemplo para hacerlo mejor la próxima vez".

Como puedes apreciar en los ejemplos, la forma en la que elegimos ver una situación puede marcar toda la diferencia en su resultado. Cuando nuestra mente habla, nuestra actitud escucha y responde. Debido a esta correlación, tenemos el poder de literalmente "persuadirnos" a nosotros mismos para alcanzar el éxito y la satisfacción.

Cuando ocurre un diálogo interno negativo, nos convencemos de que nuestros esfuerzos son inútiles. Esta creencia lleva a sentimientos de inutilidad y fracaso. Y estos sentimientos hacen que sea más fácil para nosotros ser víctimas de más pensamientos negativos, que eventualmente se convierten en desesperación y derrota.

Pero cuando ocurre un diálogo interno positivo, convencemos a nuestras mentes ya nosotros mismos de que todo es posible. Al concentrarnos en lo positivo, somos capaces de creer y alcanzar resultados deseables. Si realmente crees que puede convertir una situación negativa en algo positivo, entonces lo harás. Por medio de conversaciones positivas constantes, verás los posibles resultados positivos como realidades, y no como un sueño imposible.

Para comenzar a cambiar nuestro diálogo interno de uno negativo a uno positivo, primero debemos evaluar la verdad de la situación. Cuando estés frente a un problema, comienza tu proceso de pensamiento con una revisión de los hechos. Esta revisión inicial debe estar privada de sentimientos o predicciones. Para ayudar con este proceso, hazte las siguientes preguntas.

1. ¿Cuál es la causa real y física de este problema? En el caso de Sally, la causa *física* del problema no fue su falta de atención a los detalles, sino un error en la fabricación del bolso.
2. Basándonos en hechos, ¿qué condujo al problema? Nuevamente, al evaluar el caso de Sally, el hecho real podría haber sido una falta de comunicación en las instrucciones de costura, un malentendido en el proceso

de fabricación por parte de su empleada, o un descuido por parte de su empleada. En cualquier caso, el evento no fue intencional, y de ninguna manera es un reflejo del rendimiento general o el éxito del negocio de Sally.

3. ¿Qué tan mala es realmente la situación? Aunque una situación puede parecer abrumadora al principio, un pensamiento racional por lo general llega a la conclusión de que el problema en sí, no es tan malo como parece. Usa esta pregunta para ayudarte a generar ideas e imaginar posibles resultados, tanto buenos como malos, que podrían derivarse del problema de forma realista. En el caso de Sally, lo primero que pensó fue que todos dejarían de comprar sus bolsos. Sin embargo, usando un pensamiento racional, Sally podría concentrarse en el número actual de clientes satisfechos, en la pequeña cantidad de clientes insatisfechos, y en el conocimiento de que todavía tenía la oportunidad de corregir la situación y volver a ganar a esos clientes molestos ofreciendo un servicio excepcional.

Una vez que hayas evaluado y determinado los hechos de la situación, debes revisar tus sentimientos acerca de la situación e identificar el origen de esos sentimientos. Para ayudar a poner en orden tus sentimientos, hazte las siguientes preguntas.

1. ¿Qué parte de la situación te molesta más? Muchas veces, el problema en concreto no es el origen de los sentimientos negativos de una persona, sino cómo el problema los hace sentir sobre sí mismos. Para Sally, el defecto en los bolsos no era el problema. El verdadero problema fue que el defecto hizo que los mayores temores de Sally parecieran materializarse. Después de un examen más profundo, Sally se dio cuenta de que el

problema con los bolsos sacaba a la luz sus inseguridades. Tan pronto fue consciente del problema, Sally comenzó a concentrarse en su falta de habilidades empresariales.
2. ¿Tienen tus sentimientos base en la realidad de la situación o en cómo cree que es la situación? Esta es una pregunta importante que debes hacerte, ya que te ayudará a diferenciar entre realidad y ficción. ¿Es este problema realmente un reflejo de quién eres como persona y profesional? ¿O estás exagerando la situación e imaginando expectativas poco realistas sobre el tema en cuestión?
3. ¿Cómo has lidiado con sentimientos de este tipo en el pasado? En otras palabras, ¿estás realmente reaccionando sólo a la situación actual, o estás siendo invadido por viejos sentimientos e inseguridades, y dejando que estos te nublen tu juicio?
4. Si fuera un compañero o amigo en esta situación, ¿cómo la verías? A veces, un enfoque distanciado del problema ayuda a verlo de manera más objetiva.

Ahora que has determinado las razones detrás de los hábitos de tu diálogo interno, puedes usar ese conocimiento para dar paso a hábitos nuevos para un diálogo interno positivo.

Practica el diálogo interno positivo - para poder cambiar tu forma de pensar, debes practicar conscientemente el pensamiento positivo. Una muy buena herramienta para esto es el juego del pensamiento positivo. En este juego, se te pedirá que identifiques un resultado positivo en respuesta a un escenario negativo. Los siguientes son algunos ejemplos para ayudarte a empezar. Cada ejemplo contiene un escenario negativo y una posible respuesta positiva. Una vez que entiendas la técnica, podrás crear un número infinito de resultados positivos para tus propios escenarios.

• Lo negativo es que perdí la cuenta de Wilbur, sin embargo, lo positivo es que ahora tengo más tiempo para dedicarme a la cuenta de Moore.
• Lo negativo es que mi producto inicial no tiene buenas ventas, sin embargo, lo positivo es que ahora puedo dedicar mi experiencia para mejorar su diseño original.
•Lo negativo es que las ventas en mi área han alcanzado récord de bajas, sin embargo, lo positivo es que este período me dará la motivación que necesito para explorar otros mercados opcionales para mi producto.

Haz una lista de las cosas positivas en tu vida - Una vez que puedas identificar lo positivo en una situación dada, estarás listo para preparar una lista de referencias tangibles. Dedica un momento para anotar todos los aspectos positivos de su vida. Incluye cosas como tu salud, tu familia, tu educación y capacitación previa, cualquier meta lograda, tus logros personales y profesionales, y los aspectos positivos de tu negocio actual. Haz una lista de todo por lo que tienes que estar agradecido, o por lo que estás contento. La lista puede tener tanto cosas pequeñas como grandes. Esta lista debe ser lo más completa posible, ya que la usarás a diario para que tu entrenamiento de pensamiento positivo esté bien encaminado.

A medida que pasan los días y las semanas, toma algo de tiempo para anexar nuevas cosas a la lista a medida que pasan o te ocurren. Mejor aún, escribe algo nuevo en la lista todas las noches antes de irte a dormir para terminar el día con broche de oro, y prepárate para comenzar el siguiente con un estado de ánimo positivo.

Haz una lista positiva de cosas por hacer - Todas las mañanas, antes de empezar el día, haz una lista positiva de cosas por hacer, que haga énfasis en tus metas del día. Por ejemplo, si necesitas hacer comunicarte con un cliente, no escribas simplemente "llamar al cliente" en tu lista. En vez de esto, escribe la tarea de una manera positiva, como "llamar al Sr. Williams y cerrar el trato".

Al escribir la tarea con una perspectiva afirmativa y anexar un resultado positivo concreto, tu cerebro será influenciado para pensar que la tarea ya está completa y es positiva, en lugar de estar a la expectativa y esperando el posible fracaso.

También puedes modificar la forma de redactar cada tarea para incentivar la acción. Al utilizar términos específico, puedes convertir un ítem impreciso como "reescribir la carta de ventas" en un objetivo orientado a la acción, como "reescribir el segundo párrafo de la carta de ventas para incluir dos nuevos beneficios, y cambiar la fecha límite de membresía para incentivar pedidos inmediatos".

La intención de este tipo de lista de tareas por hacer es influir de manera positiva en tu actitud y perspectiva del día, mientras que fortalece tu creencia en los resultados deseables para mantener con mucha motivación y concentración.

Y aunque pueda parecer una tontería, asegúrate de aplicar esta misma técnica en tu lista personal de cosas por hacer. Este hábito no es solamente capaz de ofrecerte muchas oportunidades para practicar tus habilidades de pensamiento positivo, sino que también te ayudará a mantener alta tu energía y actitud positiva a medida que completas las tareas necesarias y, a veces, mundanas de la vida cotidiana.

Cuídate a ti mismo, tanto física como mentalmente - Para retener una perspectiva positiva de la vida, necesitas sentirte bien consigo mismo, tanto por dentro como por fuera, y para lograr esto, necesitas cuidarte.

Por lo general, para cumplir con esta meta es más fácil comenzar por los aspectos físicos. Si todavía no realizas ejercicios a diario, es hora de comenzar. Si tienes la costumbre de saltarte el desayuno, comienza a convertirlo en una parte integral de tu día. Si necesitas un corte de pelo, ¡ve a la peluquería! Cada paso que tomes para mejorar tu vida o corregir las fallas percibidas por uno mismo, te ayudarán a desarrollar la confianza en ti mismo. Por consecuencia, cuando tu confianza en ti mismo aumente, tus habilidades de pensamiento positivo pueden fortalecerse.

Con respecto al cambio interno, comienza analizando tus propias actitudes. ¿Sientes que necesitas aprender más acerca de un tema en específico, como el marketing en internet? Si es así, toma una clase o lee un libro sobre el tema. Al expandir tus conocimientos, disminuirás la gravedad de las inseguridades que puedes tener en tu interior.

¿Tienes ciertas metas que habías planeado alcanzar en este momento de tu vida? El hecho de tener negocios pendientes y sueños no realizados tiende a hacernos sentir mal sobre nosotros mismos. Comienza hoy con un pequeño paso hacia tu meta y haz un compromiso para seguir adelante con el proyecto. Tan solo comenzar el proceso puede hacerte sentir inmediatamente mejor con respecto a la situación, y una vez que hayas alcanzado la meta, tu confianza en ti mismo crecerá.

¿Sientes que nunca tienes suficiente tiempo para lograr tus metas? Entonces es hora de reevaluar cómo administras tu tiempo. Primero, elimina las tareas diarias que representan una pérdida de tiempo y luego establece períodos para culminar las tareas importantes. Cuando reescribas tu horario, asegúrate de incluir tiempo para relajación y diversión. Sin un tiempo de inactividad, tus pensamientos creativos son incapaces de florecer.

El propósito de todos estos ejercicios, tanto los del pensamiento positivo como los pasos para la autosuperación, es alcanzar el estado de ánimo correcto para aceptar con brazos abiertos una perspectiva positiva. Por medio de la práctica constante de estos ejercicios, eventualmente entrenarás a tu mente para pensar positivamente y de forma automática.

Visualizaciones y afirmaciones para mejorar tus habilidades de pensamiento positivo

Las visualizaciones y afirmaciones son herramientas clave en el camino para desbloquear las habilidades de pensamiento positivo. Aunque ambos ejercicios difieren en su técnica, los dos trabajan para lograr el mismo objetivo. Ambos ejercicios ayudan a cambiar tus metas de pensamiento positivo, de sueños idealistas a realidades alcanzables; sin embargo, las visualizaciones funcionan a través de imágenes, mientras que las afirmaciones funcionan por medio de declaraciones habladas.

Las visualizaciones son fundamentales para el proceso de pensamiento positivo ya que ofrecen una manera de "ver" tus metas como algo real. Esta capacidad de ver un resultado te dará control sobre ese resultado. Por ejemplo, imagina que te estás preparando para escribir el copy para la página de inicio de tu negocio por internet, y no estás pensando positivamente en tus habilidades para la redacción.

Si solo utilizas datos acerca de tu producto o servicio, y transfieres esos datos a una página escrita, el texto podría ser soso y sin inspiración. Sin embargo, si primero utilizas la visualización, podrás preparar tanto los datos que usarás como tu actitud. Una vez que pueda visualizarte a ti mismo escribiendo ese copy perfecto, inspirador, capaz de generar ventas para tu sitio web, podrás comenzar a redactarlo.

La visualización implica usar todos tus sentidos para "verse" a uno mismo culminando cualquier tarea, o resolviendo cualquier problema de manera perfecta. Al imaginar un evento con mucho detalle, y enfocarse en el resultado deseado, tu mente y tu cuerpo se programarán para responder como si el escenario visualizado fuera algo esperado. Al practicar esta visualización, estás entrenando a tu mente para seguir un patrón que siempre conduce a los resultados deseados.

Por suerte, la visualización es una técnica fácil de aprender. Toma un momento para pensar en algo que te está ocasionando dificultades en la actualidad, ya sea en tu vida profesional o personal. Ahora, ya concentrado en esa situación, usa los siguientes pasos para aprender y practicar la técnica de visualización.

1. Despeja tu mente de todo pensamiento y distracción. Este paso es muy importante porque te permitirá concentrarte por completo en el escenario, y te permitirá seguir las imágenes hasta el resultado positivo, sin interrupciones. Al principio, será más fácil completar este paso en un entorno tranquilo donde puedas cerrar los ojos, relajarte y estar completamente sólo durante varios minutos.

2. Imagínate a ti mismo completando la tarea o resolviendo el problema de una manera positiva. Comienza por el principio e imagina que realmente atraviesas cada paso de la manera más positiva y deseable posible. Imagina cada detalle acerca de la situación para que la imagen parezca más una realidad que una fantasía. Presta atención a la ropa que llevas, a las personas que están allí, a las palabras reales que está usando, y lo que los demás dicen en respuesta a tus palabras.
3. Mantén el resultado positivo y perfecto. Lo más importante que debes recordar al practicar la visualización es que sólo debes ver el resultado de manera positiva. Nunca te imagines a ti mismo fracasando, o incluso avanzando con tropiezos. Durante la visualización, siempre imagínate a ti mismo llevando a cabo la tarea de manera perfecta.
4. Una vez que hayas llegado al final de la visualización, haz un repaso mental. Busca áreas en las que puedas mejorar en tu siguiente sesión de visualización. Agrega detalles donde sea necesario e incrementa los pasos positivos en donde sea posible.
5. Repite la técnica de visualización a menudo. Aunque la visualización puede ser un paso clave para lograr el pensamiento positivo, sólo es efectiva cuando se usa con frecuencia.
6. Una vez que hayas logrado la meta o resuelto el problema en la vida real, haz una revisión del evento real y use la visualización para cambiar cualquier circunstancia negativa en una positiva. Si en la realidad algún detalle no funcionó a la perfección, visualiza ese detalle de una manera que sí lo haga. Este paso ayudará a que tu mente trabaje mejor la próxima vez.

Ahora que sabe cómo practicar la visualización, es tiempo de aprender más sobre las afirmaciones. Las afirmaciones son declaraciones orales que se enfocan en el logro positivo de una meta. Las afirmaciones son diferentes a las técnicas para el diálogo interno positivo en el sentido de que se enfocan en declaraciones más específicas y están orientadas a la acción.

Por ejemplo, si te pone nervioso tener que presentar una idea nueva a un cliente, tu declaración personal puede ser algo como "Sé que esta idea es buena, y mi cliente estará encantado de escucharla". Sin embargo, utilizando la afirmación, tu declaración se verá más impulsada por la acción, y podría ser algo como: "Mañana por la mañana, presentaré mi nueva idea al Sr. Clark señalando los beneficios en reducción de costos".

En un diálogo interno positivo, estás intentando reforzar tu actitud positiva y tu confianza en ti mismo. Con las afirmaciones, se establece una meta de manera que tu subconsciente crea que el evento ya es un hecho. Esta creencia subconsciente se logra a través de tres pasos únicos.

Primero, las afirmaciones siempre se formulan en primera persona. Esta personalización del hecho permite que el subconsciente acepte más fácilmente la declaración. Por ejemplo, en lugar de decir "Mis clientes están contentos con mi servicio", dirías "Yo sé que mi servicio/producto hace felices a mis clientes".

Segundo, las afirmaciones siempre se formulan en tiempo presente. Al empezar oraciones con "Yo soy" o "Yo sé", estás condicionando a tu mente para que crea que la afirmación ya es una realidad. Por el contrario, usar declaraciones como "Yo voy a" o "Yo creo que", permite que la duda permanezca sigilosamente en tu subconsciente.

Y tercero, las afirmaciones son siempre de naturaleza positiva. Para que una declaración sea considerada una afirmación, debe estar formulada sin ningún lenguaje negativo. Por ejemplo, la afirmación "Estoy calificado para escribir un excelente copy para el sitio web" es una afirmación. Decir "intentaré escribir un copy decente para el sitio web" no es una afirmación.

Ahora que entiendes la naturaleza de las afirmaciones, necesitas practicarlas. Primero, debes identificar la siguiente meta que te gustaría alcanzar. Luego, necesitas traducir esa meta a un lenguaje simple. Una vez que hayas escrito una declaración clara y concisa de la meta, debes transformar esa declaración en una afirmación utilizando los tres pasos anteriormente explicados. El siguiente es un ejemplo de cómo convertir las declaraciones de metas y objetivos en afirmaciones.

Declaración: "En las próximas semanas, agregaré otro producto a mi negocio por internet."

Afirmación: "En las próximas semanas, voy a agregar un nuevo y excelente producto a mi exitoso negocio por internet."

Nota las diferencias en las dos oraciones. Al cambiar la palabra *"agregaré"* por *"voy a agregar"*, más los términos positivos *excelente, nuevo,* y *exitoso*, declarar tus metas se convierte en una afirmación.

Si no tienes una meta u objetivo específico que estés tratando de alcanzar, todavía puedes usar las afirmaciones para mejorar tus habilidades de pensamiento positivo. En este caso, debes seleccionar una afirmación positiva que sea de carácter general, pero optimista. Algunos ejemplos de este tipo de afirmaciones son...

"Estoy usando mis habilidades de pensamiento positivo para alcanzar el éxito en los negocios".
"Estoy logrando grandes cosas con pensamientos positivos y una actitud de vencedor".
"Soy un empresario impresionante".

Una vez que hayas preparado bien dos o tres afirmaciones, puedes comenzar a utilizarlas a diario. Al igual que con la técnica de visualización, las afirmaciones funcionan mejor si se practican en repetidas ocasiones a lo largo del día. Para aprovechar al máximo tus afirmaciones, lo mejor es repetirlas por lo menos tres veces al día y en este orden: una vez al despertar, la segunda por la tarde, y luego una vez más antes de acostarse todas las noches.

Al emplear frecuentemente tus nuevas habilidades de visualización y afirmación, podrás fijar y alcanzar todas tus metas de pensamiento positivo.

Cómo establecer metas de pensamiento positivo

Una vez que has comenzado a asumir una actitud positiva, ya estás preparado para establecer metas de pensamiento positivo. Estas metas no son iguales a las metas comunes, ya que se concentran específicamente en tu búsqueda por aprender y dominar el arte del pensamiento positivo y disfrutar los beneficios que implica esta búsqueda. Estas metas deben explicar en detalle lo que deseas lograr con un pensamiento positivo, y también contener los resultados específicos de estos logros.

Establecer metas de pensamiento positivo implica cuatro pasos. Al utilizarlos, fijarás metas son tanto alcanzables como beneficiosas.

Identificar una meta específica orientada a obtener resultados.

Esta meta será diferente de las metas anteriores orientadas a la acción, en el sentido de que la meta se concentrará en un resultado positivo final, y no en una tarea inmediata. Sin embargo, esta meta sigue siendo específica y detallada. Para ayudarte a determinar tus metas, responde a las siguientes preguntas.

1. ¿Qué es lo que más quiero lograr con mi pensamiento positivo?
2. ¿Qué área de mi vida se beneficiará más con los poderes del pensamiento positivo?
3. ¿Qué espero obtener de mis habilidades de pensamiento positivo?

Una vez que seas capaz de responder con honestidad a cada una de estas preguntas, puedes comenzar a establecer tus metas. Para nuestros propósitos, asumamos que las respuestas a las preguntas fueron: 1) Quiero mejorar mis ventas por internet, 2) Mi relación con mi pareja, y 3) Mejores habilidades para resolver problemas. Cada una de estas respuestas te ofrece la base de una meta de pensamiento positivo. Para el resto de los pasos, nos concentraremos en definir una meta para la primera.

Ahora que tienes una idea básica en mente, debes establecer esa meta de una manera específica, orientada hacia lograr resultados. Por ejemplo, en lugar de decir "Quiero mejorar mis ventas por internet", podrías decir "Voy a usar mis habilidades de pensamiento positivo para identificar las necesidades de mis clientes con el fin de mejorar las ventas".

Dividir la meta en pasos a corto y largo plazo.

Para hacer que las metas sean más fáciles de alcanzar, tendrás que dividirlas en pasos. Estos pasos deben contener resultados alcanzables y realistas. El primer paso debe incluir una manera de avanzar a corto plazo en esa meta. Para este paso, podrías decir: "Voy a incluir una encuesta sencilla en mi página que me permitirá recopilar información sobre lo que les gusta a mis clientes".

Para el segundo paso, tendrás que incluir una predicción de los resultados a largo plazo para alcanzar la meta. Tu segunda declaración podría decir: "Voy a utilizar mis habilidades de pensamiento positivo para analizar los datos de la encuesta de una manera que me permita estar abierto a nuevas ideas y sugerencias. Luego voy a usar esas nuevas ideas para mejorar las ventas".

Como se puede ver en este paso, hemos tomado una meta idealista como, por ejemplo, *mejorar las ventas por internet* y, con después de unos cambios sencillos, lo hemos convertido en una meta de pensamiento positivo y orientada a los resultados.

Consigue una manera de medir tu progreso.

Ahora que tienes una meta fija, necesitas conseguir una manera de medir tu progreso mientras trabajas por alcanzar esa meta. Sin un sistema de medición, te verías en la posición de esperar hasta el final para evaluar tu éxito. En ese caso, no podrías usar tus habilidades de pensamiento positivo para impulsar tu motivación y mantener una actitud positiva.

El sistema de medición que elijas depende en gran parte del tipo de meta que hayas establecido. En el caso anterior, la forma de medición podría ser el incremento de ventas expresado en porcentajes. Para poder medir con precisión tu progreso, primero tendrías que recopilar los datos sobre tus ventas actuales y luego determinar cuál sería el aumento adecuado para tu meta.

Digamos que has fijado para tu meta un aumento general del 25% en ventas. Esto significaría que para el momento que hayas alcanzado tu meta, las ventas por internet habrán aumentado su valor actual en un 25%. A medida que trabajas para alcanzar tu meta, podrás monitorear tu éxito al hacer seguimiento del aumento en incrementos porcentuales.

Fija un tiempo límite.

El siguiente paso al fijar tus metas incluye un límite de tiempo. Sin un límite establecido, tus metas pueden volverse fácilmente en sueños lejanos. En este caso, el límite de tiempo tiene dos propósitos. Uno, sirve como otra forma de seguir tu progreso. Y dos, le da tus planes una fecha límite para su realización.

Para ayudarte a enfocarte en tu meta, y mantenerte motivado hasta alcanzarla, necesitas establecer un marco de tiempo realista para tus objetivos. Para el ejemplo estudiado, podríamos fijar un plazo de seis meses. Aunque este período puede parecer largo, te dará suficiente tiempo para crear una encuesta, recopilar información, analizarla, y luego realizar los cambios pertinentes para lograr tu meta. Además, el plazo permite que exista un período de tiempo para que tu nuevo plan funcione.

Ahora que tenemos una fecha límite para ver resultados,

también es necesario fijar fechas límite para el progreso. Estos plazos se establecen para ayudar a mantenerte enfocado en la tarea y asegurar tu progreso continuo. Para nuestra meta, podríamos fijar un plazo de dos semanas para crear la encuesta. Luego, un plazo de un mes para recopilar la información obtenida en la encuesta. Luego, estableceríamos un plazo de dos semanas para revisar los datos de la encuesta y determinar qué cambios podríamos considerar para mejorar las ventas. Lo siguiente sería establecer un plazo de un mes para implementar dichos cambios. Nuestro plazo final sería un período de tres meses para rastrear los cambios en las ventas, realizar cambios en el proceso de nuestro servicio o producto según sea necesario y, finalmente, alcanzar nuestra meta.

A medida que expira cada fecha límite, es importante revisar la meta y asegurarte de que tu progreso está en buen camino. Durante cada revisión, puedes realizar cambios necesarios tanto en tu planificación como en la meta. Sin embargo, trata de no modificar el límite de tiempo, ya que esto puede ocasionar el postergamiento, y llevar eventualmente al fracaso.

Involucrar a otros.

El último paso en la creación de una meta positiva es la participación de los demás. Este es un paso importante al momento de establecer cualquier meta de pensamiento positivo ya que utiliza el refuerzo y el estímulo que se puede obtener de familiares, amigos y compañeros.

Después de cumplir los primeros tres pasos para establecer metas positivas, comparte tus metas y plazos las personas que te rodean. Úsalos a modo de caja de resonancia, escucha sus consejos o pensamientos, y deja que estén involucrados en tu camino al éxito. Cuando informas a los demás sobre tus metas, serás capaz de crear una red de fortaleza y apoyo a la que puedes recurrir si te resulta muy difícil alcanzar tu meta o si te desvías del camino.

Sin embargo, ten cuidado: no todos a tu alrededor serán ideales para esto. En el mundo existen personas que viven con un pensamiento negativo, y tenerlas en tu red no llevará a lograr resultados positivos. Si tienes amigos o familiares que están atrapados en un ciclo de pensamiento negativo, entonces debes mantenerlos alejados de tu empresa. Esto puede parecer severo, pero el pensamiento positivo no funciona cuando existe alguien cercano que lo debilita agresivamente con su propia negatividad.

Cómo encontrar un mentor puede ayudarnos con metas de pensamiento positivo

Sin importar cuánto conocimiento tengas sobre tu negocio, o cuánto esfuerzo dediques a ver tus metas realizadas, a veces necesitas consejos fuera de tu círculo. Si bien este consejo puede provenir de un gran número de fuentes, por lo general, es más provechoso buscar la guía de un mentor.

Un mentor puede ser cualquier persona con conocimiento en tu área de negocios. Sin embargo, cuando busques a un mentor, es mejor que sea alguien que comprenda mejor la situación que enfrentas y con la mayor experiencia en un negocio similar al tuyo. Para encontrar un mentor y sacar el máximo provecho al tiempo que compartan juntos, sigue estos sencillos pasos que presentamos a continuación.

Elije una situación específica en la que buscas asesoramiento.

Si bien es posible que desees buscar la mayor cantidad de ayuda posible, es más fácil y más provechoso limitar tu búsqueda a un área o situación en específico. Más tarde, cuando la situación ya esté resuelta, también puedes visitar nuevamente a tu mentor para asesoramiento extra.

Al momento de elegir una situación a seguir, revisa tus metas de pensamiento positivo y determine cuál es la más importante para ti o tu negocio. Una vez que hayas pensado en una meta, podrás limitar tu elección de mentores al evaluar su nivel de experiencia en tu área. Por ejemplo, si eliges buscar un mentor que te ayude a mejorar tus ventas por internet, entonces querrás elegir a alguien que haya alcanzado grandes éxitos en este ámbito. No vas a querer seleccionar a alguien que no haya estado en el negocio por mucho tiempo, ni alguien que tenga una vasta experiencia y éxito en ventas minoristas, pero desconozca el proceso de ventas por internet.

Seleccionar una situación específica también te ayudará en el futuro cuando prepares tu lista de preguntas para hacer a tu mentor. Al tener definido un problema específico y un grupo de preguntas específicas antes de tu primera visita, tendrás tiempo adicional para revisar esas preguntas y depurar la información innecesaria.

Comunícate con tu posible mentor.

Aunque esto parece obvio, la forma en la que te comunicas con la persona puede ser un reto. Dependiendo de tu nivel de familiaridad con esa persona, la primera vez que hablen podría ser algo tan simple como una rápida llamada telefónica, o algo tan formal como una solicitud por escrito para una entrevista. Para cumplir con los requisitos profesionales de cortesía, tu primer contacto con alguien que no tengas un trato familiar siempre debe comenzar con una solicitud por escrito, o una llamada telefónica a su secretaria. Nunca llames al número personal de la persona si aún no existe ese nivel de confianza.

Además, lo más probable es que a quien elijas como tu posible mentor tenga una agenda ocupada. Debido a esto, por lo general, es mejor si las comunicaciones tienen inicio concertando una cita para exponer tu situación. Nunca trates de exponer tu situación o explicar tu posición actual durante la primera comunicación.

Una vez que hayas fijado la cita, debes elegir el tipo de reunión que tendrán. Dependiendo de las circunstancias y el tiempo que tu mentor tenga disponible, esta primera reunión puede ser una breve llamada telefónica o incluso una reunión durante el almuerzo. Si es posible, permite que tu mentor seleccione la hora y el lugar para esta primera reunión.

Prepárate exhaustivamente para la reunión.

Una preparación adecuada te ahorrará a ti y a tu mentor una enorme cantidad de tiempo. Si te preparas como es debido, podrás exponer tu solicitud de una manera sencilla y convincente. Asegúrate de estar listo para compartir tus metas y retos específicos con tu mentor, y poder explicarle exactamente lo que esperas obtener de ellos.

Haz preguntas específicas.

Una vez que alguien haya aceptado convertirse en tu mentor, debes preparar una lista de preguntas específicas para hacerle.

Si tus preguntas son demasiado abiertas, será difícil obtener respuestas claras. Además, las preguntas generales a menudo exigen respuestas múltiples, lo que puede representar una pérdida de tiempo para ambos.

Usando como base la meta anterior de nuestro ejemplo, identifica las diferencias entre estos conjuntos de preguntas.

"¿Cómo puedo mejorar mis ventas por internet?"
"¿Cuáles son los tres pasos que puedo seguir para comenzar a aumentar mis ventas por internet?"

"¿Cómo puedo identificar las necesidades de mis clientes?"
"¿Alguna vez has utilizado encuestas con tus clientes? Y de ser así, ¿qué es lo más importante que puedes decirme sobre ellas?"

Como puedes observar en los ejemplos anteriores, la segunda pregunta de cada conjunto es más detallada y específica. Poder reconocer y utilizar esta distinción te permitirá formular mejores preguntas y, al final, recibir consejos mejores y más orientados hacia las metas.

Pon en práctica los consejos de tu mentor.

No sólo basta con buscar la asesoría de un mentor. También tienes que estar dispuesto a realmente escuchar sus ideas, investigarlas y, finalmente, ponerlas en práctica. Una gran idea sigue siendo una idea hasta que se convierte en una meta. Usa lo que tu mentor te ha enseñado para ampliar tus metas y mejorar tus posibilidades de obtener el éxito.

Usa a tu mentor para más que consejos.

Un mentor puede ser una gran fuente de inspiración y pensamiento positivo. Escucha las historias que tiene por contar, contágiate de su emoción, y usa su pensamiento positivo para reforzar el tuyo. Si te parece que tu actitud se está tornando negativa, o descubre que hay pensamientos de derrota y fracaso entrando en tu discurso interno, llama a tu mentor para tener una plática inspiradora.

Agradece a tu mentor.

No importa cómo termine la experiencia, ya sea que pongas en práctica sus consejos o no, recuerda enviar siempre una tarjeta o un regalo de agradecimiento a tu mentor. Para muchos, este pequeño paso puede no parecer importante, pero es la mejor y más grande manera de asegurar que la relación profesional que tienen siga en pie. El hecho es que tu mentor probablemente aceptó ayudarte únicamente porque tu éxito es importante para él o ella. Así que hazle saber que aprecias el tiempo y esfuerzo que te dedica, y mantenlo informado de tu progreso y tu éxito. Al hacerlo, dejarás una puerta abierta para más asesoramientos y nuevas oportunidades.

Con estas palabras, hemos llegado al final de este libro. Así que quiero agradecerte por elegir este libro.

Ahora que has llegado al final, me gustaría expresar mi gratitud por haber elegido esta fuente en particular y tomarte el tiempo para leerla. Toda la información recopilada en estas páginas fue investigada y reunida de manera que te ayude a comprender los principios para la autosuperación de la manera más fácil posible.

Espero que te haya sido útil, y que ahora puedas usar este libro como una guía cuando lo necesites. También es posible que quieras recomendarlo a cualquier amigo o familiar que tú creas puede aprovechar las lecciones que aquí se encuentran.

www.ingramcontent.com/pod-product-compliance
Lightning Source LLC
Chambersburg PA
CBHW052206110526
44591CB00012B/2098